Guide officiel de la LNH

ÉDITION REVUE ET AUGMENTÉE

Guide officiel de la LNH

Données de catalogage avant publication (Canada)
MacKinnon, John, 1953-
  Guide officiel de la LNH
  Traduction de: NHL Hockey, The Official Fan's Guide
  ISBN: 2-89249-758-2
  1. Ligue nationale de hockey - Miscellanées. I. Titre.
GV847.8.N3M3414 1996   796.962'64   C96-940920-6

L'édition originale de cet ouvrage a paru en anglais
sous le titre NHL Hockey the official Fans' Guide
Éditeur original: Carlton Books Limited, 1997
Photographies:
Toutes les photos sont une création des Studios Bruce Bennett, à
l'exception de celles marquées d'un astérisque.
C. Anderson: 27, 66, 67, 96, 97; Paul Angers: 43; *Brian
Bennett: 15, 22, 71, 84, 120; Rick Berk: 85, 91;
*Gary Bettman: 17; D. Carroll: 70; M. Desjardins: 88;
M. Di Giacomo: 122; J. Di Maggio: 121; A. Foxall: 20, 95;
D. Giacopelli: 31; J. Giamundo: 18, 35, 42, 48, 63, 65, 76, 82, 106,
107, 108; *Temple de la renommée du hockey: 8, 118; G.
James: 57; P. Laberge: 21, 32, 37, 46, 52, 68; J. Leary: 92; Scott
Levy: 26, 29, 48, 54, 56, 78, 81, 83, 87, 103, 104, 112; R. Lewis: 30,
40, 60; R. McCormick: 39; Jim McIsaac: 7, 23, 25, 36, 49, 51, 55,
64, 79, 80, 98; L. Murdoch: 44, 89; W. Robers: 45; J. Tremmel: 4;
Nick Welsh: 94; B. Winkler: 3, 19, 41, 69, 74, 99, 105;
B. Wippert: 24.

© Logos NHL Enterprises Inc., 1997
© Texte et conception Carlton Books Limited, 1996 et 1997
Traduction: Raymond Roy
Révision linguistique: Andrée Quiviger
© Éditions du Trécarré, 1997 pour l'édition française

ISBN 2-89249-758-2

Dépôt légal, 1997
Bibliothèque nationale du Québec
Imprimé et relié en Italie
Éditions du Trécarré
Saint-Laurent (Québec) Canada

LE HOCKEY DE LA
LNH

GUIDE OFFICIEL DE LA LIGUE NATIONALE DE HOCKEY
ÉDITION REVUE ET AUGMENTÉE

John MacKinnon

ÉDITIONS DU TRÉCARRÉ

SOMMAIRE

L'excellence: Au cours d'une autre saison éblouissante chez l'Avalanche
du Colorado, Patrick Roy (à gauche) a intensifié sa réputation
d'excellent, sinon de meilleur gardien de but.

INTRODUCTION

D'une ligue de village, la Ligue nationale de hockey est devenue une vaste organisation à l'occasion de la mémorable Série de 1972 qui opposa les étoiles canadiennes à la grande Machine rouge, l'équipe nationale de l'Union soviétique d'alors.

Après avoir vu leur équipe plus ou moins bien pourvue s'incliner devant les Soviétiques lors des Jeux olympiques et des Championnats mondiaux, les Canadiens allaient enfin voir les meilleurs joueurs de la LNH donner une leçon aux « méchants » Russes. Les choses, cependant, ne se déroulèrent pas tout à fait comme prévu.

Les Canadiens gagnèrent en effet, mais à la 34e seconde avant la fin du tout dernier match grâce à un but de Paul Henderson. Mince victoire de 6 à 5 au terme d'une série marquée par quatre victoires, trois défaites et un match nul. Le hockey, inventé par les Canadiens et la LNH, n'allait plus jamais être le même.

En effet, les équipes de la LNH ne tardent pas à troquer contre leurs banales méthodes d'entraînement celles des Russes, dotées d'exercices complexes et rigoureux. Bref, l'accent porte dorénavant sur les aspects techniques du jeu. Car les Russes et les autres équipes européennes parviennent à intégrer l'esprit de compétition et le courage physique à une conception d'abord hautement technique du hockey.

Au fil de leur expansion, les clubs de la LNH sont d'abord passés de 6 à 12 équipes, puis à 14, à 18, à 26 et, finalement, à 30 au tournant du siècle grâce aux concessions de Nashville, d'Atlanta, de Colombus et de Saint Paul au Minnesota. Aussi ratisse-t-on de plus en plus large pour découvrir des talents dignes d'une ligue majeure : on explore parmi les étudiants américains, russes, finlandais, suédois, allemands, tchèques, slovaques et polonais.

Marquée au cours de son premier demi-siècle d'existence par des étoiles canadiennes telles que Frank McGee, Howie Morenz, Aurèle Joliat, George Hainsworth, Maurice (Rocket) Richard, Gordie Howe, Glenn Hall, Bobby Hull, Bobby Orr et Frank Mahovlich, la LNH intègre progressivement le sang neuf européen.

Les adeptes de la LNH ne tardent pas à ovationner les Borje Salming, Anders Hedberg, Ulf Nilsson, les frères Peter, Anton et Marian Stastny, puis, dans les années 90, les Sergei Fedorov, Pavel Bure, Jaromir Jagr et Teemu Selanne.

De ses six équipes du début aux 30 actuelles, la LNH abordera le XXIe siècle en comptant des équipes dans 16 États américains, y compris le District de Columbus, et quatre provinces canadiennes. En plus de sa base toujours solide dans l'est, dans le nord-est et dans le centre-ouest des États-Unis, la ligue s'est établie dans des régions aussi imprévisibles que la Caroline du Nord, le Tennessee, la Géorgie, le Texas, la Floride et l'Arizona.

Le cliché selon lequel la LNH n'intéresse que certaines régions aux États-Unis est dorénavant caduc.

À l'automne 1996 avait lieu le tournoi inaugural de la coupe du Monde, une aventure concertée de la LNH et de l'Association de ses joueurs. L'équipe américaine a défait le Canada lors de la finale en deux de trois, infligeant à l'équipe canadienne alors favorite une défaite d'autant plus cuisante ; voilà donc le camp américain bien en piste pour les Jeux olympiques d'hiver de Nagano au Japon en février 1998.

Pour la première fois dans l'histoire, ces Olympiques mettront en scène les Dream Teams dans un tournoi de cet ordre.

Autrement dit, ce que le hockey du monde compte de meilleur luttera pour rapporter l'or dans l'un ou l'autre pays pendant les trois semaines où la LNH laissera ses étoiles briller dans l'aréna olympique.

Les spectateurs du monde entier pourront se délecter des exploits, entre autres, des Canadiens Paul Kariya, Joe Sakic et Patrick Roy, des Finlandais Teemu Selanne et Saku Koivu, des Russes Pavel Bure et Alexander Mogilny, des Américains Brian Leetch, Keith Tkachuk et Mike Richter et des Tchèques Jaromir Jagr et Dominik Hasek.

Depuis le but historique de Henderson sur la glace moscovite en 1972, la ligue a fait du chemin. En tout cas, peu d'amateurs manqueront la Soirée du hockey à Nagano en 1998.

Étoile montante : Au moment où surviennent la fin des brillantes carrières d'un Wayne Gretzky ou d'un Mark Messier et la retraite de Mario Lemieux, Eric Lindros s'impose à son tour à titre de joueur exceptionnel dans la LNH.

LA NAISSANCE D'UNE
LIGUE DE HOCKEY

Le 22 novembre 1917, loin des regards indiscrets, quelques hommes réunis dans un hôtel du centre-ville de Montréal mettent sur pied la Ligue nationale de hockey. Ayant suspendu ses activités, l'Association nationale de hockey, précurseur de la LNH, permet aux dirigeants des Wanderers de Montréal, des Sénateurs d'Ottawa et des Bulldogs de Québec de constituer la nouvelle ligue.

Du *Montreal Herald*, Elmer Ferguson est le seul journaliste à faire état de cette naissance difficile. D'abord, les Bulldogs, peu prisés par la population de la ville de Québec, refusent de participer aux premières activités de la LNH; ils seront remplacés par les Arenas de Toronto.

Le Westmount Arena est détruit par le feu et les Wanderers de Montréal ne trouvant nulle part où aller se retirent également. Au seuil de sa première saison, la ligue ne compte plus que trois équipes. Les six équipes pionnières (*The six original*) restent encore à venir.

Le premier président de la LNH s'appelle Frank Calder. Il s'agit d'un émigrant britannique, ancien joueur de soccer épris de hockey. Il donnera son nom au trophée de la meilleure recrue de l'année.

Au cours de cette saison inaugurale, la ligue tient sa première séance de repêchage: les joueurs des Bulldogs se dispersent dans les autres équipes et leur marqueur étoile, Joe Malone, est recruté par les Canadiens de Montréal.

Lors de l'une des deux joutes inaugurales de la nouvelle ligue, le 19 décembre 1917, Malone marque cinq buts au profit des Canadiens contre Ottawa, 7 à 4. Au cours de 22 matches d'une saison régulière, Malone atteint en moyenne 44 fois le fond du filet. Il remporte haut la main la palme du meilleur marqueur et il établit un record jamais égalé dans l'histoire des scores de la ligue. La LNH consacre sa première vedette.

Un premier revers est infligé à la ligue la saison suivante, soit en 1918-19. Une épidémie de grippe sévit et plusieurs athlètes sont affaiblis chez les deux équipes finalistes aux éliminatoires de la coupe Stanley: les Canadiens de Montréal et les Metropolitans de Seattle de l'Association de hockey de la Côte Pacifique. Joe Hall, une étoile de l'équipe montréalaise, est emporté par la maladie. Finalement, la série est annulée.

La construction d'un avenir

Si la popularité du hockey connaît une croissance remarquable dans les années 20 et 30, la courbe est loin de grimper en douceur.

En 1919, la construction du Mount Royal Arena est terminée et les Canadiens de Montréal y emménagent. Cinq ans plus tard, on entreprend celle du Forum de Montréal pour accueillir les Maroons, une autre équipe montréalaise inscrite à la LNH. En 1923, Frank Ahearn construit un aréna de 10 000 places, appelé Auditorium. Pour sa part, le Maple Leaf Gardens de Toronto est achevé en 1931.

Au cours des séries de 1923-24, 11 000 spectateurs entassés dans l'Auditorium voient les Canadiens — et leur étoile du jour Howie Morenz — vaincre les Sénateurs d'Ottawa 4 à 2.

Montréal l'emporte finalement sur Vancouver et gagne la première des 24 coupes Stanley acquises jusqu'ici.

Construit à l'intention des Maroons, le Forum sera le domicile des Canadiens pendant près d'un siècle. À la faveur d'une vague de chaleur à l'automne 1924, la glace du Mount Royal Arena est tellement endommagée que l'équipe demande de jouer sur la glace artificielle du Forum. Inaugurant le Forum le 29 novembre 1924, ils balaient les Maple Leafs de Toronto, 7 à 1.

La saison 1924-25 sera marquée par le premier conflit de travail de la ligue: les Tigers de Hamilton, parmi lesquels plusieurs des anciens Bulldogs de Québec, débraient juste avant les séries éliminatoires. Malgré des profits considérables, la direction leur refuse les 200 $CAN que revendiquent les athlètes en guise de supplément pendant les séries.

Le président de la ligue, Calder, appuie les propriétaires. Céder devant les demandes des joueurs, estime-t-il, mettrait en

La cible des partisans: Le président de la LNH provoque la colère des partisans montréalais quand il suspend leur idole, Maurice Rocket Richard, en mars 1955.

péril «les importants capitaux investis par les propriétaires dans les patinoires et les arénas ».

Les Tigers sont donc retirés des séries et tenus à une amende de 200 $ chacun. Leurs revendications trouveront un écho vers la fin du siècle, mais pour l'instant l'incident est clos.

Dès la saison 1927-28, la ligue passe de trois à dix équipes réparties en deux divisions : une américaine et une canadienne. La division canadienne compte les St. Patricks de Toronto, les Sénateurs d'Ottawa, les Americans de New York, les Maroons de Montréal et les Canadiens de Montréal. La division américaine comprend les Bruins de Boston, les Rangers de New York, les Pirates de Pittsburgh, les Blackhawks de Chicago et les Cougars de Détroit. Cette structure franchira douze saisons malgré de multiples déménagements d'équipe.

Après avoir remporté la coupe Stanley en 1927, les Sénateurs d'Ottawa témoignent financièrement de l'approche de la Grande Dépression. En 1930, ils cèdent leur défenseur étoile Frank (King) Clancy aux Maple Leafs de Toronto contre 35 000 $CAN. C'est la plus onéreuse transaction jamais effectuée. Cette injection ne parvient pas néanmoins à juguler l'hémorragie financière de l'équipe et, après avoir suspendu leurs activités pour la saison 1931-32, les Sénateurs aménagent à Saint Louis et prennent le nom de *Eagles*. Ils s'éteindront dès la saison suivante. Entre-temps, d'autres concessions voient le jour à Pittsburgh et à Philadelphie. Elles n'ont pas la vie facile et finissent par déménager ou carrément disparaître.

Bien que les partisans crient au manque de vedettes, de remarquables joueurs font leur marque : Nels Stewart, Cy Denneny, Aurèle Joliat, Babe Dye, l'incomparable Montréalais Morenz, Harvey (Busher) Jackson, Charlie Conacher, Bill Cook et Cooney Weiland.

Aux premiers temps de la LNH, le jeu évolue et forge pour ainsi dire son identité. Les passes avant dans les zones défensive et neutre ne seront officiellement permises qu'en 1927. En 1929-30, le règlement permet de passer la rondelle dans les trois zones, ce qui double le nombre de buts. Grâce à ses 22 buts en 1927-28, Ace Bailey devient le meilleur marqueur de la ligue ; la saison suivante, Weiland mène avec 43 buts.

Déjà, la brutalité est chose courante, mais rien ne défraiera la manchette comme la violence faite à Ace Bailey le 12 décembre 1933 au Garden de Boston. Après avoir subi une mise en échec de la part de Red Horner, un certain Shore cherche à se venger. Il s'approche alors de Bailey qui lui tourne le dos et le fait trébucher. La tête de Bailey frappe la glace et le joueur est affligé de convulsions. Aussitôt, Horner assomme Shore d'un coup de poing, lui causant une balafre qui nécessitera sept points de suture. Bailey doit subir une trépanation à la suite d'une hémorragie cérébrale qui le laisse entre la vie et la mort pendant quinze jours. Sa carrière vient de prendre fin.

Dans les années 30, la LNH ne manque pas de servir à son public des spectacles mémorables dont le plus long match de l'histoire : amorcé dans la soirée du 24 mars, il prend fin dans la nuit du 25.

Ce soir-là au Forum de Montréal, c'est l'ouverture de la demi-finale qui oppose les Maroons aux Red Wings de Détroit. Le seul but du match sera marqué par Modéré (Mud) Bruneteau à 16 : 30 minutes de la sixième période de prolongation. Après un court silence, les 9 000 spectateurs lancent une ovation de soulagement. Il est 2 h 25 et tout le monde est épuisé, mais pas autant que Norm Smith, gardien de but des Red Wings, qui vient de repousser 90 lancers. Il en était à son premier match de série !

Le 10 mars 1937, le grand Howie Morenz meurt des complications d'une fracture à la jambe. Plus de 25 000 amateurs défilent devant son cercueil placé au centre de la patinoire du Forum. C'est sans doute le jour le plus triste de toute l'histoire de la LNH.

Les années de guerre

Au début des années 40, le règlement de la LNH introduit une ligne rouge au centre de la patinoire. Le jeu sera d'autant accéléré et le nombre de hors-jeu, réduit. L'ère moderne de la ligue vient de commencer.

Au cours de cette nouvelle étape, un nom domine : Maurice (Rocket) Richard. Ailier droit aux côtés du centre Elmer (Elegant) Lach et de l'ailier gauche Hector (Toe) Blake, Richard devient le marqueur étoile des Canadiens de Montréal. Aux yeux de tous les Canadiens français, il incarne l'excellence sportive. C'est un des athlètes les plus fougueux et les plus combatifs qu'on ait vus dans une équipe de sport professionnel.

Pendant la saison 1944-45, Richard marque 50 buts en 50 matches ; on mettra des années à dépasser ce record. Lach (80 points), Richard (73 points) et Blake (67 points) occupent les trois positions de tête au championnat des marqueurs, ce qui leur vaut le surnom de « Punch Line » (ligne de frappe).

M. Hockey : La remarquable carrière de Gordie Howe s'échelonne sur plus de cinq décennies. Sa longévité légendaire lui donnera l'occasion de jouer dans la LNH en compagnie de ses deux fils, Mark et Marty.

Les Mighty Ducks d'Anaheim

® & © Mighty Ducks

Après un début de saison chancelant, les Mighty Ducks se ressaisissent et parviennent aux éliminatoires.

WESTERN

Après les onze premiers matches de la saison 1996-97, les Mighty Ducks sont littéralement dévorés par leurs adversaires de la LNH. Une série de sept défaites les fait couler à pic comme en témoigne leur fiche de 1-8-2.

À la façon d'un film hollywoodien, survient alors le preux chevalier Paul Kariya qu'une blessure à l'abdomen subie au cours de la saison précédente avait jusque-là retenu dans ses foyers. Voilà enfin le tout aussi valeureux Teemu Selanne flanqué de son coéquipier de ligne. Le trio, complété par le centre Steve Rucchin, n'allait pas tarder à faire des ravages. Au cours des mois suivants, ils marqueront 114 buts, un record au niveau de la ligue pour une ligne d'attaquants. Loin de leur piteux début, les Mighty Ducks ne cessent d'accumuler les victoires dont une séquence de 13-3-7 au cours des 23 derniers matches de la saison.

Succès tardifs

Ce dernier regain permet aux Mighty Ducks non seulement de faire leurs débuts aux finales mais les propulse au second rang de la Division du Pacifique et au quatrième quant au classement général de la Conférence de l'Ouest grâce à une fiche de 36-33-13.

Évidemment, Selanne, Kariya et Rucchin se révèlent les trois meilleurs francs-tireurs de l'équipe ayant accumulé respectivement 51, 44 et 19 buts. Selanne établit un record d'équipe avec 109 points ; Kariya en marque 99 et Rucchin, 67. À noter que celui-ci abandonna une carrière médicale quand Anaheim l'eût repêché lors d'une séance supplémentaire en 1994.

L'émergence de Guy Hébert qui, à titre de principal gardien de but, n'accorda en moyenne que 2,7 buts, et un seul en 23 matches consécutifs, a joué fortement sur le succès des Mighty Ducks.

Le succès se poursuit pendant la ronde d'ouverture des séries éliminatoires quand les Mighty Ducks surmontent un déficit de 3 à 2 pour finalement éliminer Phoenix en sept matches. Les Ducks sont balayés de justesse par Détroit en deuxième ronde à la suite de trois périodes de prolongation simples et une double.

Quelques semaines plus tard, le directeur gérant des Mighty Ducks, Jack Ferreira, annonce que l'équipe se sépare de Ron Wilson, son entraîneur de toujours qui, l'automne précédent, avait mené l'équipe américaine à la Coupe du monde. Des différences philosophiques entre Wilson et la direction du club étaient en cause selon le témoignage de Ferreira.

Une naissance cinématographique

Les Mighty Ducks d'Anaheim n'existeraient sans doute pas si Emilio Estevez et une bande de joyeux patineurs n'avaient transformé une production à faible budget de Disney en un succès commercial.

« Le film a constitué notre étude de marché », se rappelle le président de Disney, Michael Eisner, qui soumit à la LNH une

Canard finlandais : Teemu Selanne flanqué de Kariya accumule les points et propulse ainsi les Ducks à la quatrième place au classement général de la Conférence de l'Ouest malgré un début de saison difficile.

★ TABLEAU D'HONNEUR ★

Conférence/Division	Ouest/Pacifique
Première saison dans la LNH	1993-94
Distinctions	Record du plus grand nombre de victoires (33) pour une première année dans la ligue
Patinoire à domicile/Capacité	Arrowhead Pond/17 174
Coupes Stanley	0

Rendement de l'équipe

	G	D	N	Points
Saison régulière	120	145	31	271
Éliminatoires	4	7		

demande de concession après que la version cinématographique des Mighty Ducks eut rapporté 60 millions de dollars.

À l'automne 1993, les Mighty Ducks forment la troisième équipe californienne de la LNH aux côtés des Kings de Los Angeles et des Sharks de San Jose. À la surprise générale, ils égalent un record de 33 victoires dont 19 à l'extérieur à titre d'équipe qui en est à ses premières armes dans la LNH.

Au cours de la saison écourtée 1994-95, ils ont fait émerger des joueurs étoiles de la trempe de Kariya et du défenseur Oleg Tverdovsky, échangé par la suite en plus du centre Chad Kilger contre le prolifique marqueur Selanne des Jets de Winnipeg le 6 février 1996. Ensemble, Selanne et Kariya allaient représenter une force offensive redoutable chez les Mighty Ducks.

Les Mighty Ducks ne manquent pas d'éclat même dans l'univers du marketing et du marchandisage. Leur logo, un masque de gardien représentant un canard maussade, et les couleurs de l'équipe, pourpre, jade, argent et blanc, ne se vendent pas seulement à Disneyland.

Héritier de Gretzky : Selon maints observateurs, le rapide Paul Kariya serait la version 90 de Wayne Gretzky rapide, plein d'adresse et doué d'une incroyable intuition.

Les Bruins de Boston

Quelque chose ne tourne pas rond autour du printemps 1997 à Boston. Pour la première fois en 30 ans, les très estimés Bruins ne parviennent pas à se qualifier pour les séries éliminatoires de la coupe Stanley : le plus long éclair à traverser le ciel du sport professionnel vient de s'éteindre.

Des malheurs s'acharnaient sur les Bruins avant même le début de saison quand Cam Neely, le marqueur le plus menaçant de l'équipe, se retira en raison de douleurs chroniques aux hanches. En plus de déployer un remarquable leadership, il avait été le meilleur marqueur de l'équipe au cours de sept saisons sur les dix vécues parmi les Bruins.

En décembre, l'avant Steve Heinze, alors meilleur marqueur de l'équipe, subit le même sort à cause de troubles à un genou. Le centre Adam Oates évoque publiquement l'affaiblissement de l'esprit de compétition chez la direction. Enfin, l'ailier droit vétéran Rick Tocchet se plaint du peu de temps qu'on lui accorde sur la glace.

Personne n'est donc surpris quand Harry Sinden, le directeur-gérant des Bruins, se défait d'un coup du gardien Bill Ranford, de Oates et de Tocchet dans un échange avec les Capitals de Washington qui cèdent le gardien Jim Carey, puis le centre Anson Carter et l'ailier droit Jason Allison deux jeunes talents prometteurs.

Reconstruction de l'équipe

Au beau milieu de cette chaotique saison, s'ajoute le courageux dévoilement par l'avant Sheldon Kennedy des abus sexuels qu'il a subis au moment où il jouait dans une équipe junior ; les détails scabreux mettent en cause un entraîneur. Les coéquipiers et les adversaires sportifs de Kennedy honorent son courage, et ses révélations allaient alerter la conscience publique d'un troublant problème social.

Le cran et la détermination caractéristiques du jeu de Kennedy ne suffisent pas à sauver son emploi : il sera congédié une fois passée la saison. Malheureusement le traditionnel style austère des Bruins fait défaut à trop de joueurs, ce qui donne à l'équipe une fiche de 26-47-9, la pire de la ligue et la moins brillante pour l'équipe depuis celle de 17-43-10 en 1966-67, la saison où ils furent mis à l'écart des séries.

« Tout le monde est responsable », commente Mike O'Connell, le directeur-gérant adjoint des Bruins à propos de la déroute qui place les Bruins au premier rang des buts laissés aux adversaires, soit 300. La plus coûteuse rançon revient à l'entraîneur dont l'engagement aura à peine franchi deux saisons. Il est remplacé par Pat Burns, l'ancien entraîneur des équipes de Montréal et de Toronto. Celui-ci dispose de quatre années pour remettre les Bruins en selle.

C'est un véritable travail de reconstruction qui attend Burns pour réintégrer les Bruins dans les séries dont ils sont exclus depuis 1990. Pour ce faire, il pourra compter sur le défenseur Raymond Bourque, un bourreau de travail dévoué aux Bruins à la vie à la mort.

Leur dernière coupe Stanley remonte à 1972. Cette conquête tout comme celle de 1970 avait beaucoup à voir avec le jeu remarquable du

Pour la première fois de sa carrière, Ray Bourque est tenu en marge des séries éliminatoires. Promis aux honneurs du Temple de la renommée, Bourque est toujours en quête d'une coupe Stanley après 18 saisons au sein de la LNH.

jeune Bobby Orr, qui avait fait son entrée en scène à titre de défenseur en 1966-67, après que les Bruins eurent raté six séries consécutives, une disette, donc, qui allait en tout durer huit ans.

Considéré par plusieurs comme le meilleur défenseur de tous les temps, Orr plaça la rondelle dans le filet des Blues de Saint-Louis, alors gardés par Glenn Hall, le 10 mai 1970. Les Bruins remportaient leur première coupe en 29 ans. Orr se retira au bout de dix ans en raison de problèmes majeurs aux genoux.

Équipe pionnière

C'est en 1924 que les Bruins entrèrent dans la LNH. Au fil des ans, l'équipe pionnière accueille de brillants joueurs, notamment le rude défenseur Eddie Shore, l'ailier droit Dit Clapper et le centre Milt Schmidt. Les Bruins n'obtiennent que trois coupes Stanley avant que Orr, l'excellent centre Phil Esposito et Johnny Bucyk ne concertent leurs efforts pour conquérir deux autres coupes au début des années 70. Orr est le premier défenseur de la LNH à remporter le championnat des marqueurs en 1969-70. Esposito remporte cinq fois le championnat des marqueurs en huit saisons chez les Bruins et, en 1968-69, il devient le premier joueur de la LNH à compter plus de 100 points en une saison.

Sheldon Kennedy dévoile les abus dont il a été victime chez les juniors, et les 18 points qu'il a marqués pour les Bruins en 1996-1997 s'en trouvent éclipsés. Son engagement prend fin avec la saison.

★ TABLEAU D'HONNEUR ★

Conférence/Division	**Est/Nord-Est**
Première saison dans la LNH	**1924-25**
Distinctions	**En tête du classement pendant 29 saisons consécutives**
Patinoire à domicile/Capacité	**Fleet Center/17 565**
Coupes Stanley	**5 (1929, 1939, 1941, 1970 et 1972)**

Rendement de l'équipe

	G	D	N	Points
Saison régulière	2 306	1 800	706	4 883
Éliminatoires	228	242		

Les Sabres de Buffalo

Les Sabres atteignent le sommet de leur division grâce à une éthique de travail rigoureuse et à l'excellent travail de leur gardien.

Leur meilleur marqueur, Derek Plante, n'accumule que 53 points. Pat LaFontaine, la seule étoile des Sabres à l'offensive, ne dispute que 13 matches en raison d'une grave commotion cérébrale qui interrompt sa saison, sinon sa carrière. Le panneau indicateur du Marine Midland Arena, d'une valeur de 4 millions de dollars, s'écrase sur la glace quelques heures avant le début d'un match.

Et pendant que l'équipe s'acharne sur la glace, le directeur-gérant John Muckler et l'entraîneur Ted Nolan passent la saison à se livrer une guerre de pouvoir dans les bureaux de la direction des Sabres. En fin de compte, les deux se retrouvent perdants quand les Sabres congédient Muckler et ne renouvellent pas le contrat de Nolan au terme de la saison. C'est Darcy qui est engagé au poste de directeur-gérant ; il comblera le poste de Nolan en faisant appel aux services d'un ancien des Sabres, Lindy Ruff.

En route vers le succès

Loin de s'effondrer, l'équipe abasourdit la ligue en imposant une fiche de 40-30-12 : elle termine la saison au sommet de la division Nord-Est et troisième dans la Conférence de l'Est, une remarquable amélioration par rapport à la saison 1995-96.

Une bonne affaire: Mike Peca, obtenu dans le cadre de l'échange qui a expédié Alexander Moligny chez les Canucks de Vancouver, est le quatrième marqueur des Sabres à la saison 1996-97 avec 49 points, dont 20 buts, et se voit remettre le trophée Frank Selke à titre de meilleur avant défensif de la ligue.

La raison du succès des Sabres est relativement simple : une éthique professionnelle rigoureuse, l'exigence tenace de Nolan et le talent de Dominik — le Dominateur — Hasek qui arrête à peu près tout ce qu'il voit.

Deux fois récipiendaire du trophée Vézina, Hasek affronte 2 177 lancers, soit un record dans la ligue ; il présente le meilleur pourcentage d'arrêts, soit 0,930, une performance notoire en vue du titre de « joueur le plus utile à son équipe ». Si Hasek attire tous les regards en saison régulière, il fait la une de la presse sportive au cours des séries pour des raisons bien différentes, entre autres, une blessure au genou lors du troisième match de la ronde d'ouverture des séries contre Ottawa.

Le gardien de réserve Steve Shields, qui n'avait disputé que 13 matches en saison régulière, se profile comme le meilleur gardien des séries des Sabres. Son travail devant le filet permet à l'équipe de vaincre Ottawa, mais doit plier au cours de la ronde suivante devant les Flyers de Philadelphie.

« Nous faisons véritablement équipe, déclare l'ailier droit des Sabres Rob Ray. Nous ne déployons pas un jeu de vedette, sauf en ce qui concerne Dominik. Cet esprit facilite beaucoup les choses. »

Passé fulgurant

Les Sabres ont déjà été l'une des équipes offensives les plus remarquables de la LNH. L'équipe avait déjà réalisé un coup de maître plusieurs mois avant ses débuts sur la patinoire. Un banal tour de roue de fortune lui avait valu un premier choix au repêchage devant les Canucks de Vancouver, ses cousins dans le processus d'expansion.

Plein d'intuition, l'entraîneur des Sabres George (Punch) Imlach, ancien entraîneur des Maple Leafs de Toronto, jeta son dévolu sur un junior grand et élancé, véritable magicien sur la glace : Gilbert Perreault. Centre prolifique, celui-ci restera le pilier de l'équipe pendant plus d'une décennie. On se souviendra de la *French Connection* : René Robert, Gilbert Perreault et Rick Martin. Les deux derniers sont toujours les deux meilleurs marqueurs de l'équipe avec respectivement 512 et 382 buts. C'est ce trio qui conduisit les Sabres à la finale de la coupe Stanley en 1975 bien que la victoire revint aux Flyers de Philadelphie au terme de six matches. Cette défaite mit un terme à ce qui aura été la meilleure saison des Sabres dans la LNH : un record de 113 points, couronné par le championnat de la division Adams.

Depuis, la coupe n'a plus souri aux Sabres, même pas sous la garde prometteuse de Scotty Bowman au début des années 80.

Après avoir conduit les Canadiens de Montréal à cinq coupes Stanley, c'est à Buffalo que Bowman franchira, à titre d'entraîneur, un record de victoires, déclassant Dick Irvin le 19 décembre 1984. Celui-ci avait remporté 690 matches.

Opportunisme: Profitant de l'absence du centre Pat LaFontaine, écarté du jeu en raison d'une commotion cérébrale, le centre Derek Plante domine les Sabres grâce à un rendement relativement modeste de 53 points. Cette production comprend toutefois 27 buts, soit un sommet en carrière pour Plante.

★ TABLEAU D'HONNEUR ★

Conférence/Division	**Est/Nord-Est**
Première saison dans la LNH	**1970-71**
Distinctions	**Accès à la finale de la coupe Stanley en 1974-75**
Patinoire à domicile/Capacité	**Marine Midland Arena/18 500**
Coupes Stanley	**0**

Rendement de l'équipe

	G	D	N	Points
Saison régulière	1 004	797	331	2 339
Éliminatoires	67	88		

Les Hurricanes de la Caroline

Grâce à leur déménagement en Caroline du Nord et à leur nouveau nom évocateur, les Whalers espèrent renverser leur réputation.

Il était dans l'ordre des choses que Kevin Dineen marquât le but vainqueur et que le gardien Sean Burke brillât dans le filet à l'occasion du dernier match disputé le 13 avril dans la LNH de l'équipe connue sous le nom de Whalers de Hartford.

Dineen, deux fois à l'emploi de l'équipe sur une période de neuf ans, restait l'un des joueurs les plus en vogue de l'équipe. Burke, pourtant malmené dans le filet, avait figure de pilier depuis cinq ans et cette dernière victoire dans la ville de Hartford était la centième remportée dans cette équipe.

Déménagement salutaire

Cette fois, la rondelle emménage en Caroline du Nord, plus précisément au Greensboro Coliseum, domicile provisoire de l'équipe transplantée qui portera désormais le nom de Hurricanes de la Caroline. De nouvelles installations à West Raleigh seraient achevées pour la saison 1999-2000.

C'est Peter Karmanos, directeur de Compuware et propriétaire des Whalers, qui a pris la décision de déménager l'équipe en raison de pertes d'environ 45 millions de dollars sur trois ans d'exploitation.

La Caroline du Nord représente un nouveau territoire pour la LNH.

Quant à l'ailier gauche Geoff Sanderson, il n'a aucun besoin d'une cure : il reste la principale force offensive de l'équipe. Abstraction faite de la saison 1994-95, marquée par la grève, Sanderson conserve une moyenne de 39 buts par saison en quatre ans. Primeau, dont le potentiel n'a pas été exploité à fond chez les Bruins, avait pour sa part 26 buts à son actif l'année dernière et on peut s'attendre à ce qu'il forme avec Sanderson une menaçante force d'attaque.

Nicklos Tselios, un défenseur hautement prometteur est le cousin d'un autre superbe défenseur de la LNH, Chris Chelios des Blackhawks de Chicago.

Ratés frustrants

Hartford était l'une des quatre équipes de l'Association mondiale de hockey à se joindre à la LNH en 1979, avec Winnipeg, Québec et Edmonton.

★ TABLEAU D'HONNEUR ★

Conférence/Division	**Est/Nord-Est**
Première saison	**1979-80 (sous Whalers de Hartford)**
Distinctions	**Championnat de la division Adams, 1986-87**
Patinoire à domicile/Capacité	**Greensboro Coliseum/21,500**
Coupes Stanley	**0**

Rendement de l'équipe

	G	D	N	Points
Regular Season	534	709	177	1245
Playoffs	18	31		

Même si Hartford pouvait s'appuyer sur un fidèle noyau de partisans, le manque de tradition victorieuse leur a certainement fait du tort. Le club arracha la première position de sa division une seule fois, en 1986-87 pour ne jamais franchir mieux qu'une quatrième place par la suite. Quand les Whalers ont été éliminés au terme de la saison dernière, ils essuyaient leur dixième retrait des séries en dix-sept ans et ils affichaient leur huitième moyenne consécutive inférieure à 0,500. Ils n'auront franchi le cap de la première ronde qu'une seule fois.

Dès sa première saison, l'alignement des Whalers comptait la famille Howe : le légendaire Gordie et ses fils Mark et Marty. Les trois joueurs se trouvaient sous contrat depuis deux ans. Gordie, un grand-père de 50 ans, participa aux 80 matches de la saison 1979-80, marqua 15 buts et récolta 41 points. Il mérita ainsi à son équipe une place dans les séries juste avant de prendre sa retraite.

Le joueur le plus remarquable dans l'histoire des Whalers demeure incontestablement le centre Ron Francis. Pendant toute la première décennie, il a dominé dans toutes les catégories offensives. En 714 matches, il accumulait 821 points, dont 264 buts.

Comme le groupe Compuware avait montré du flair dans ses activités auprès des jeunes et des équipes junior, il appliqua la même méthode chez les Whalers, une philosophie qu'on poursuivra vraisemblablement en Caroline. Le directeur-gérant Jim Rutherford et l'entraîneur chef Paul Maurice ont tous deux fait partie de ce programme Compuware. En remplaçant Paul Holmgren derrière le banc des Whalers en novembre 1995, Maurice devient le plus jeune entraîneur chef du sport professionnel. Il avait connu un excellent rendement auprès du club junior des Red Wings de Détroit avec une fiche de 86-38-8 en deux ans.

Le puissant avant Keith Primeau y est allé de 26 buts pour Hartford en 1996-97. Il a également joué pour Équipe Canada pendant la Coupe du monde de hockey inaugurale et contribué à rapporter au pays la médaille d'or au Championnat mondial de hockey.

28

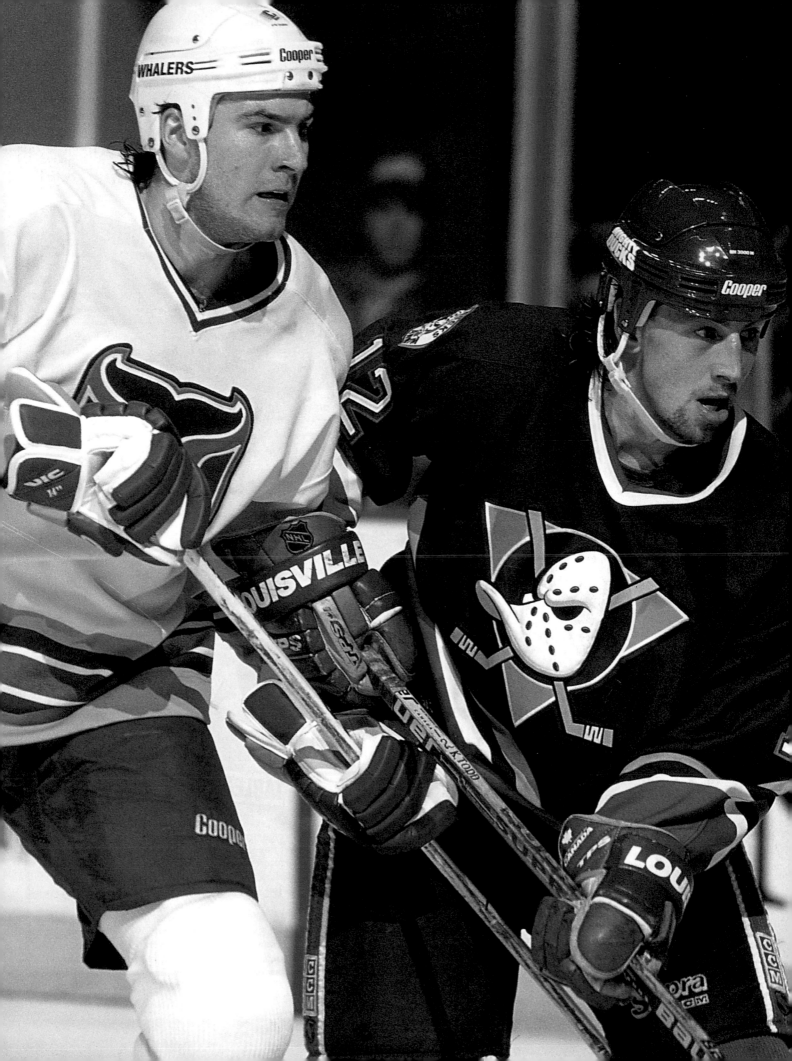

★ TABLEAU D'HONNEUR ★

Conférence/Division	**Ouest/Pacifique**
Premières saisons dans la LNH	**1979-80 (Québec)**
	1995-96 (Colorado)
Distinctions	**Saison de 107 points en**
	1996-97
Patinoire à domicile/Capacité	**McNichols Sports Arena/**
	16 061
Coupes Stanley	**3 (1934, 1938, 1961)**

Rendement de l'équipe

	G	D	N	Points
Saison régulière	554	648	179	1 287
Éliminatoires	61	58		

L'Avalanche du Colorado

Le talent a propulsé l'Avalanche vers une première coupe Stanley, mais l'exploit ne sera pas répété la saison suivante.

Remporter la coupe Stanley deux fois de suite représentait un événement que l'Avalanche a tenté sérieusement de réussir l'an dernier après avoir atteint la meilleure fiche de la saison régulière et avoir accédé à la finale de la Conférence de l'Ouest pour, finalement, plier devant les Red Wings de Détroit.

Même le jeu génial de deux vétérans de la coupe Stanley, Patrick Roy et Claude Lemieux, ne permet pas à l'équipe cette seconde victoire que sont les derniers à avoir remporté coup sur coup les Penguins de Pittsburgh en 1992.

L'équipe témoigne de sa valeur

Remporter le championnat de la saison régulière avec 107 points, soit trois de plus que Dallas et New Jersey, reste un succès d'autant plus remarquable que Joe Sakic et Peter Forsberg, la meilleure paire de la position centre, et Lemieux sont tenus en marge de 71 matches en tout à la suite d'accidents.

L'agile Suédois Forsberg contribue encore au cumul des points de l'équipe avec 86 buts en 65 matches et Sakic, avec 74 points, ce qui reste néanmoins sa moins brillante saison sur les neuf ans de sa carrière. Comme toujours, Lemieux se dépasse pendant les séries en marquant 13 buts en 17 matches. Au cours des 172 éliminatoires de sa carrière, il a compté 70 buts.

Se maintenir en tête en dépit des nombreuses blessures témoigne de la valeur de l'équipe. Le centre Adam Deadmarsh, repêché au second tour en 1993 alors que l'Avalanche personnifiait encore les Nordiques de Québec, devient un véritable leader de l'équipe avec 33 buts ; ce joueur brille aux deux extrémités de la patinoire. Keith Jones, acquis de Washington en échange du solide Chris Simon, marque 25 buts, tandis qu'Éric Lacroix, fils du directeur général du Colorado, Pierre Lacroix, en compte 18.

Quand le défenseur Uwe Krupp s'en va en raison d'une intervention chirurgicale au dos, les jeunes Aaron Miller, Jon Klemm et Éric Massé s'empressent de prêter main forte au joueur pivot Sandis Ozolinsh, troisième meilleur de l'équipe (68 points dont 23 buts) et à Adam Foote remarqué pour sa constance. Inépuisable, Roy fait figure de forteresse et contribue substantiellement aux victoires de l'équipe.

Histoire mouvementée

Nous assistons pour ainsi dire au film LNH au Colorado — Deuxième partie, et jusqu'ici, le résultat est spectaculaire. Contrairement à la saison 1976-77 où le Colorado héritait des médiocres Scouts de Kansas City, la région attire cette fois les Nordiques de Québec, une force montante dans la LNH qui, de l'avis des propriétaires, ne pouvaient survivre chez eux sans acquérir une patinoire plus rentable. À l'été 1995, le président des Nordiques Marcel Aubut et son groupe propriétaire vendent la concession à la société COMSAT dirigée par Charlie Lyons. Ainsi, la LNH reprend racine au Colorado dépourvu d'équipe depuis le départ des Rockies vers le New Jersey où ils prirent le nom de Devils, en 1982.

Émanant, tout comme trois autres clubs, de l'Association mondiale de hockey en 1979, les Nordiques sont parvenus sept fois de suite aux séries après leur première saison. Les étoiles vieillissant et les recrues n'étant pas

Supervedette modeste : Bon an mal an et mine de rien, Joe Sakic accumule ses 100 points. Régulier comme une horloge.

Déjà, dans la ligue d'élite suédoise, Peter Forsberg était réputé pour être le meilleur joueur hors de la LNH. Il figure maintenant parmi les meilleurs joueurs de la ligue.

toujours à la hauteur, les Nordiques ont également traversé quelques piètres saisons, dont cinq en marge des éliminatoires. En 1991, le premier choix au repêchage, Eric Lindros, refuse de signer son contrat. Un différend subséquent s'échelonnera sur toute l'année et Lindros aboutira finalement chez les Flyers. Cet imbroglio marque un point tournant : le Colorado propose au Suédois Peter Forsberg un contrat à long terme si bien que l'athlète fait dorénavant partie du paysage au même titre que les Rocheuses.

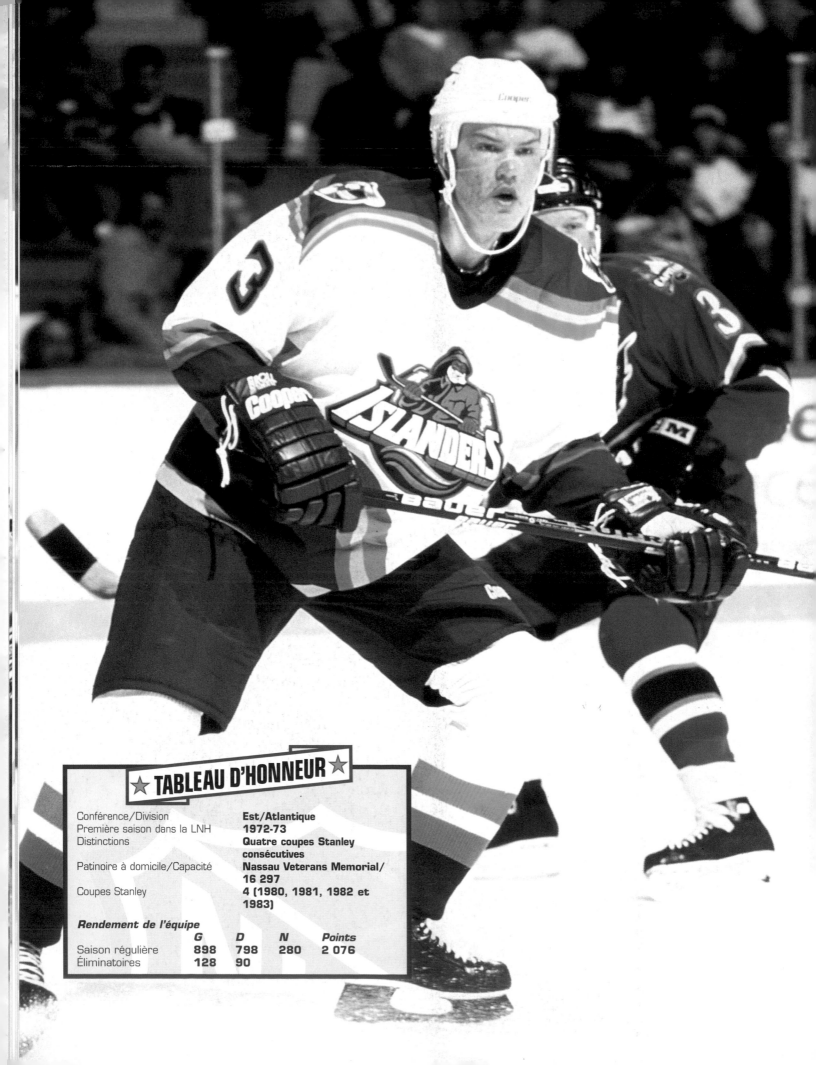

★ TABLEAU D'HONNEUR ★

Conférence/Division	**Est/Atlantique**		
Première saison dans la LNH	**1972-73**		
Distinctions	**Quatre coupes Stanley consécutives**		
Patinoire à domicile/Capacité	**Nassau Veterans Memorial/ 16 297**		
Coupes Stanley	**4 (1980, 1981, 1982 et 1983)**		

Rendement de l'équipe

	G	D	N	Points
Saison régulière	898	798	280	2 076
Éliminatoires	128	90		

Soutenus par un noyau de jeunes joueurs remarquables, les Islanders semblent promis à un brillant avenir.

Si Rome ne s'est pas bâtie en un jour, il en va de même de la dynastie des Islanders de New York intégrés dans la LNH dans les années 80. Cependant, même si les Islanders ratent les séries pour une troisième année consécutive, on voit bien que les éléments de l'équipe commencent à prendre place.

Les Islanders remportent sept matches de plus qu'à la saison 1995-96 et demeurent dans la course pour les séries jusqu'au dernier moment. Également, ils réduisent considérablement le nombre de buts accordés : 250 contre 315 grâce à leur nouveau défenseur Bryan Bérard et à la maturité du gardien Tommy Salo. Aux championnats mondiaux du printemps précédent, ce dernier avait joué un rôle clé dans l'obtention de la médaille d'argent par la Suède.

Le jeune Bérard était le premier choix au repêchage de 1995, mais il a refusé le contrat des Sénateurs d'Ottawa, qui le cédèrent aux Islanders en janvier 1996. Bérard cumule 48 points, ce qui en fait une des meilleures recrues de la saison 1996-97.

De petits soldats

Bérard est l'un des nouveaux visages dont on attend qu'ils relèvent le niveau des Islanders, plus petite équipe de la LNH et deuxième plus jeune l'an passé. Les autres sont : les avants Niklas Anderson et Todd Bertuzzi ainsi que les défenseurs Bryan McCabe et Kenny Jonsson.

Malgré ses 25 ans, le solide joueur tchèque Zigmund Palffy, auteur de 48 buts à la saison 1996-97, fait presque figure de vieux à côté des plus jeunes, Travis Green et Bryan Smolinski, tous deux considérés comme vétérans, marquent respectivement 23 et 28 buts.

L'avenir semble encore plus rose pour l'équipe entraînée par Rick Bowness depuis qu'elle s'est prévalue d'un double premier choix au repêchage de juin dernier.

« Je crois que nos ailiers doivent prendre du poids et s'infiltrer davantage, surtout les centres ; nous avons aussi besoin d'un leader dans le vestiaire », analyse le directeur-gérant des Islanders, Mike Milbury.

Le sort des Islanders ces dernières années rappelle les débuts modestes de l'équipe qui entra dans la LNH en même temps que les Flames d'Atlanta en 1972-73.

La magie de Torrey

À peine 12 victoires et 30 points au terme de leur première saison, mais le directeur-gérant, Bill Torrey, leur prépare des bonds spectaculaires. Torrey a déjà participé à la direction des Seals de la Californie. Il nomme Al Arbour au poste d'entraîneur la saison suivante. Une semaine plus tard, il engage Denis Potvin, jeune défenseur de talent. Au repêchage de l'année suivante, il met la main sur un énergique avant du nom de Clark Gillies et

sur un centre rusé, Bryan Trottier.

Un gardien jusque-là discret, Billy Smith, repêché en 1972, devient un membre clé de l'équipe. Au repêchage de 1977, Torrey sélectionne Mike Bossy, un marqueur prolifique provenant de la Ligue junior majeure du Québec. Tous les éléments de l'édifice sont en place.

En 1979-80, ces cinq recrues sonnent la charge qui délogera les Canadiens de la tête malgré leurs aspirations à une cinquième coupe Stanley. Les Islanders traversent brillamment les quatre séries, éliminent, entre autres, les finalistes de Philadelphie en six matches et remportent la première de leurs quatre coupes Stanley consécutives.

Encore un peu et les Islanders neutralisaient le record de cinq coupes consécutives des Canadiens lors de la finale de 1983-84, mais ils durent s'incliner devant les Oilers d'Edmonton.

Quelle époque ! Trottier devient le meilleur pointeur de la formation avec 1 363 points et Bossy, contraint de prendre sa retraite prématurément à cause de douleurs au dos, se révèle le meilleur marqueur avec 573 buts.

Génie devant les buts : Les Islanders ont trouvé en Zigmund Palffy un véritable franc-tireur.

En mouvement : Kenny Jonsson, patineur agile et doué même à l'offensive, figure parmi les talentueux défenseurs des Islanders.

L'EXPANSION DE LA LNH

Quand le Conseil des gouverneurs de la Ligue nationale de Hockey accorde quatre nouvelles concessions qui doivent se joindre à la ligue d'ici l'an 2000, il couronne le projet, échelonné sur plusieurs décennies, de dérégionaliser le hockey aux États-Unis. Les résultats dépassent les espoirs les plus fous de la LNH depuis qu'elle a doublé de taille en 1968, passant de six à douze équipes.

« Fondamentalement, notre but à long terme est de consolider la ligue, annonce le commissaire de la LNH, Gary Bettman. Nous voulons faire l'impossible pour que la maison que nous sommes en train de construire repose sur les fondements les plus solides qui soient.

Nous sommes très satisfaits des concessions qui viennent d'être accordées. D'ici l'an 2000, le marché américain en comptera 21, ce qui représente une augmentation considérable (elles n'étaient que 12 en 1990). »

Les quatre nouvelles concessions, officiellement accordées le 25 juin, sont Nashville, Atlanta, Colombus en Ohio et Saint Paul au Minnesota. Nashville entreprendra ses activités à la saison 1998-99 ; Atlanta sautera sur la patinoire en 1999-2000, tandis que Saint Paul et Colombus entreront dans la ligue pour de bon à la saison 2000-2001.

La LNH a fait bien du chemin depuis le temps des six équipes fondatrices.

Voici la « fiche technique » des quatre nouvelles équipes :

NASHVILLE

Propriétaire	**Craig L. Leipold et Famille S.C. Johnson**
Patinoire à domicile/Capacité	**Nashville Arena/20 840 64 suites de luxe/1 800 places**
Nom	**À déterminer**
Population	**2,1 millions**
Première saison	**1998-99**
Histoire	**Les Nighthawks d'une ligue mineure jouent couramment à Nashville.**

ATLANTA

Propriétaire	**Turner Broadcasting**
Patinoire à domicile/Capacité	**Nouvel aréna de 20 000 places prévu pour l'automne 1999**
Nom	**Thrashers**
Population	**4,3 millions**
Première saison	**1999-2000**
Histoire	**Les Flames, une équipe d'expansion de la LNH, ont joué dans cette ville entre 1972 et 1980.**

SAINT PAUL/MINNEAPOLIS

Propriétaire	**Robert O. Naegele, Jr.**
Patinoire à domicile/Capacité	**Un nouvel aréna prévu pour l'an 2000**
Nom	**À déterminer**
Population	**3,8 millions**
Première saison	**2000-01**
Histoire	**Les North Stars, une équipe d'expansion y a déployé ses activités de 1967-68 à 1993-93.**

COLUMBUS

Propriétaire	**John H. McConnell**
Patinoire à domicile/Capacité	**Un nouvel aréna de 18 500 places pour l'an 2000**
Nom	**À déterminer**
Population	**1,95 million**
Première saison	**2000-01**
Histoire	**Une équipe de ligue mineure, les Chili (Ligue de la côte Est) est présentement installée dans cette ville.**

Les Héros du Hockey

Dans le sport professionnel, personne ne l'ignore, c'est l'esprit d'équipe qui mène à la victoire. Néanmoins, les amateurs brûlent de voir des étoiles et d'applaudir des exploits.

Depuis sa fondation, la Ligue nationale de hockey produit autant de légendes que les autres sports professionnels.

Chaque génération d'amateurs connaît son âge d'or. Chaque nouvelle vague de talents laisse un souvenir indélébile dans l'imaginaire collectif.

Certains de ces souvenirs se transmettent de génération en génération, comme celui de One-Eyed Frank McGee, joueur borgne, qui marqua 14 buts dans un match de la coupe Stanley, dont huit consécutifs. Il jouait alors pour le Silver Seven d'Ottawa à Dawson City, et son surnom tient à la perte d'un œil au cours d'une joute.

Tous les vrais amateurs de hockey, même jeunes, ont entendu parler de Frank Nighbor qui mit au point le harponnage; de Fred (Cyclone) Taylor qui aurait marqué un but décisif en cours de séries en patinant à reculons ou encore de Joe Malone qui marqua 44 buts dans une saison de 20 matches.

Qui donc ignore que, pendant les éliminatoires de 1928, Lester Patrick, entraîneur des Rangers de New York, laissa tomber veste, chemise et cravate pour sauter dans l'uniforme de son gardien blessé? Cet exploit valut une victoire à l'équipe qui sabla d'ailleurs le champagne au terme de la série.

Outre Patrick, cette époque vit émerger de nombreuses étoiles: Syl Apps, Ace Bailey, King Clancy, Clint Benedict, premier gardien à porter le masque et Howie Morenz, connu sous le surnom de «Stratford Streak», le plus électrisant des joueurs de l'époque.

Quelle est ma ligne?

Les années 30, 40 et 50 ont été marquées par de fabuleuses lignes offensives qui, finalement, font la magie du hockey. Les Maple Leafs de Toronto ont déployé la «Kid Line», avec Gentleman Joe Primeau flanqué de Harvey (Busher) Jackson et Charlie Conacher; les Bruins de Boston, la «Kraut Line» avec Milt Schmidt, Bobby Bauer et Woody Dumart.

Les partisans des Canadiens de Montréal ont acclamé la «Punch Line»: Elmer (Elegant) Lach au centre, flanqué de Maurice (Rocket) Richard et Hector (Toe) Blake. Richard fut le premier hockeyeur à marquer 50 buts en 50 matches, et le premier à franchir le plateau des 500 buts.

Durs à battre: Il est difficile de trouver une faille dans l'alignement de l'Avalanche du Colorado, qui marie vitesse, habileté, masse et rudesse.

L'avant combatif du Détroit
BRENDAN SHANAHAN

Il l'a eue, sa coupe Stanley, ce marqueur rude et ambitieux.

Les Red Wings de Détroit étaient si pressés d'accueillir dans leurs rangs le rude ailier gauche Brendan Shanahan qu'ils ont reporté un exercice matinal pour que ce dernier, venant de Hartford à la suite de l'échange du 9 octobre dernier, puisse participer.

On avait fondé de grands espoirs sur Shanahan, et à juste titre. Même si Détroit était la quatrième équipe du puissant avant, celui-ci avait déjà acquis la réputation des meilleurs joueurs de la LNH. Choisi numéro deux par le New Jersey au repêchage de 1987, Shanahan marquait 81 buts au cours de ses trois dernières saisons avec les Devils avant d'être cédé à Saint Louis, où il atteindra la marque des 50 buts deux saisons sur trois. Ensuite transféré à Hartford, il récoltera 76 points en 74 matches en 1995-96.

Insatisfait à Hartford, Shanahan insiste pour être échangé : le club est hors course pour la coupe et manque d'argent. Quant à eux, les Red Wings peuvent légitimement aspirer à la coupe, ils sont reclus et ils ont besoin d'un avant marqueur et costaud pour se tailler une place.

Nouveau début

L'échange du 9 octobre envoie Shanahan et le défenseur Brian Glynn à Détroit contre Keith Primeau, un avant imposant mais qui a quelque peu stagné à l'attaque, le défenseur vétéran Paul Coffey et un choix de première ronde au repêchage de 1997. « Je ne vois pas cet échange comme la fin de quelque chose, confesse Shanahan quand il est mis au fait de l'échange. Je vois ça comme un début. Ce que veulent les Red Wings, c'est remporter la coupe, et c'est ce que je veux moi aussi. »

C'étaient là des paroles prophétiques. Shanahan s'insère parfaitement dans l'alignement des Wings, amalgamant jeu physique (à peine engagé dans son premier match, il se coltaillait) et adresse autour du filet, ce qui lui permet de marquer 46 buts et de récolter 87 points en 79 matches de la saison régulière. Le banc des punitions lui a aussi subtilisé 131 minutes de jeu.

Shanahan marque 9 buts auxquels il ajoute huit mentions d'aide en 20 matches d'après-saison. Il contribue par là à redonner la coupe Stanley

aux Red Wings, privés de cette gloire depuis 52 ans. « Mission accomplie » pouvaient proclamer à l'unisson Shanahan et les Red Wings à peine relevés de l'élimination en quatre matches que leur avaient infligée les Devils du New Jersey à la finale de la coupe Stanley deux années auparavant.

Le chaînon manquant

Shanahan avoue que le triomphe des Devils n'avait fait qu'aiguiser son appétit. « Je voyais des amis et des partisans que je connais célébrer cette coupe, et cela me faisait mal », raconte-t-il, lui qui avait quitté le New Jersey lorsque Saint Louis le mit sous contrat à titre de joueur autonome en juillet 1991. Les Devils reçurent le défenseur Scott Stevens en échange de Shanahan. « Je croyais réellement que j'allais sabler le champagne à Saint Louis », ajoute-t-il. Mais en juillet 1995, le voilà en direction de Hartford, échangé cette fois contre le défenseur Chris Pronger. Aux yeux de certains, les Blues ont procédé à cet échange pour des raisons économiques. Shanahan soupçonne pour sa part que l'entraîneur des Blues, Mike Keenan, « voulait faire venir ses amis ».

Au moment de sa seule saison complète chez les Whalers, Shanahan avait été nommé capitaine de l'équipe, geste de confiance qui témoigne de ses capacités de leader. En arrivant à Détroit, il devient tout de suite l'assistant du capitaine Steve Yzerman.

« Je sais que je ne suis qu'un rouage dans l'engrenage, dit Shanahan en arrivant chez les Red Wings. Seulement un rouage. Ce n'est pas moi qui vais changer les choses. »

Ses coéquipiers triomphants sur la patinoire du Joe Louis Arena au début du dernier mois de juin ainsi que les partisans des Red Wings qui n'en finissaient plus d'attendre cette coupe sont certainement d'un autre avis.

CARRIÈRE
BILAN DE

Données personnelles

Lieu et date de naissance	Mimico, Ontario/ 23 janvier 1969
Taille et poids	6 pi 3 po, 215 lb

Distinctions

Première équipe d'Étoiles	1994
Sélection du match des Étoiles	1994, 1995, 1996

Carrière dans la LNH

4 saisons auprès des Blues de Saint-Louis
1 saison auprès des Whalers de Hartford
1 saison auprès des Red Wings de Détroit

Rendement dans la LNH

	Matches	Buts	Aides	Points	MOY.
Saison régulière	713	335	351	886	1 472
Éliminatoires	71	29	33	62	169

Un rouage dans l'engrenage: Le puissant avant Brendan Shanahan ajoute du cran, de l'élan, du leadership et du dynamisme aux puissants Red Wings de Détroit qui le soustraient aux Whalers de Hartford.

Avec ses poussées offensives apparemment sans effort, ce marqueur sera-t-il le fer de lance d'une équipe en mal de rajeunissement?

Toute sa personne en témoignait quand il a été choisi au premier repêchage de 1989 : Mats Sundin avait la trempe d'un athlète de la LNH. Jusqu'ici, il a fait partie de deux équipes.

Fin stratège, patineur imposant, fort et rapide, au lancer précis et puissant, Sundin a tout ce qu'il faut pour devenir le joueur clé de n'importe quelle équipe et mériter amplement son salaire.

Pendant quatre ans, Sundin constitua l'axe autour duquel les Nordiques de Québec devaient renaître de leurs cendres pour aspirer à la coupe Stanley.

Cependant, Sundin ne participe qu'une fois à la conquête de la coupe Stanley à Québec (aujourd'hui l'Avalanche du Colorado) : en 1992-93, année de 47 buts sur 114 points qui lui valent le titre de champion de l'équipe. Il était flanqué de Joe Sakic et Valeri Kamensky.

Un grand fonceur

Ce printemps-là, les Nordiques remportent les deux premiers matches de leur série contre les Canadiens de Montréal. Ensuite, plus rien. Les Canadiens, dont les filets sont sous la garde de Patrick Roy, s'acheminent vers la coupe Stanley, tandis que les Nordiques mettront une bonne année à se remettre du choc. La saison suivante, ils rateront complètement les séries.

De cette ronde d'ouverture des séries éliminatoires, plusieurs gardent le souvenir de la tête de Pierre Pagé en train d'enguirlander Sundin devant les caméras de la télévision nationale pendant les dernières secondes du dernier match des Nordiques.

Certains partisans, également, adressent des critiques à Sundin qui ne donne pas toujours sa pleine mesure dans les attaques.

« Parfois, on a l'impression qu'un grand joueur fonce moins qu'un plus petit, mais il a moins d'enjambées à faire pour progresser, explique Sundin. Je sais qu'on me critique parfois, on me reproche de me promener sur la patinoire. Je mesure 6 pieds 4 pouces, presque 5 et quand je suis sur la patinoire, je suis sûr de toujours donner mon plein rendement. »

Aurore boréale: Mats Sundin est l'une des rares étoiles dans le ciel gris des Maple Leafs en 1996-97.

Un espoir pour Toronto

Au terme de la saison 1992-93, Sundin était envoyé chez les Maple Leafs de Toronto dans le cadre d'un échange monstre qui expédiait Wendel Clark, l'ailier vedette des Maple Leafs, à Québec.

Si remplacer une vedette lui causait du stress, Sundin n'en laissa rien paraître, dominant son équipe au chapitre des points au cours de ses trois saisons à Toronto.

Au fil des jours, Sundin marque 97 buts, dont 41 (et 97 points) en 1996-97 ; c'est la seule étoile dans le ciel terne de Toronto déserté par les Doug Gilmour, Kirk Muller et Larry Murphy partis vers d'autres équipes dans le but de rajeunir les Maple Leafs.

À 26 ans, Sundin demeure le pivot de la jeune formation des Maple Leafs.

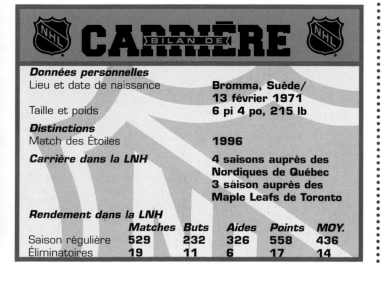

CARRIÈRE
BILAN DE

Données personnelles

Lieu et date de naissance	Bromma, Suède/ 13 février 1971
Taille et poids	6 pi 4 po, 215 lb

Distinctions

Match des Étoiles	1996

Carrière dans la LNH

	4 saisons auprès des Nordiques de Québec
	3 saison auprès des Maple Leafs de Toronto

Rendement dans la LNH

	Matches	Buts	Aides	Points	MOY.
Saison régulière	529	232	326	558	436
Éliminatoires	19	11	6	17	14

Les qualités qui valent à ce prolifique marqueur américain d'être le plus jeune capitaine de la LNH continuent de faire la force de Phoenix.

Capitaine courage: Si les Coyotes de Phoenix réussissent à jouer à la hauteur de leur formidable potentiel, ils devront une fière chandelle au leadership et au talent de joueurs tels que Keith Tkachuk.

pour une période de cinq ans telle que signée par le joueur avec les Blackhawks de Chicago une fois devenu autonome avec restriction. Tkachuk ne tarde pas à tomber dans le collimateur des partisans.

Malgré la pression, Tkachuk se montre à la hauteur : le nouveau capitaine marque 41 buts auxquels il ajoute 40 mentions d'aide. Personne n'en doute, c'est l'un des meilleurs avants de la LNH.

Toutefois, ce n'est qu'aux saisons 1995-96 et 1996-97 que Tkachuk donne tout son fruit. Il marque 50 buts en 1995-96 et 52 en 1996-97, ce qui en fait le meilleur marqueur de son équipe, désormais appelée les Coyotes de Phoenix.

Ces performances font de lui le deuxième joueur né aux États-Unis à marquer 50 buts ou davantage au cours de deux saisons différentes (l'autre est Pat LaFontaine). Tkachuk, âgé de 24 ans seulement, est sur le point d'établir d'autres normes d'excellence pour les joueurs nés aux États-Unis.

Un sourire pour le marqueur

C'est à la présaison 1996-97 que Tkachuk s'impose sur la scène internationale du hockey en aidant l'équipe des États-Unis à remporter la médaille d'or de la Coupe du monde inaugurale en septembre.

Il marque cinq buts en sept matches non sans avoir trouvé une soupape pour sa réputée rudesse : il casse le nez de Claude Lemieux dans un corps à corps.

« Il y avait de nombreux sourires édentés dans la ligue », ironise l'ailier du Phoenix Jim McKenzie.

Le style de Tkachuk a toujours amalgamé la rudesse physique et l'adresse à l'attaque. Il est brutalement efficace dans les coins et pratiquement immuable quand il se dresse devant l'enclave pour chambouler l'adversaire.

Son jeu polyvalent suscite plusieurs sourires — édentés ou non — chez les partisans des Coyotes.

Pour bien des partisans de Winnipeg, démunis pendant trop longtemps, Keith Tkachuk, 19 ans, prend figure de sauveur quand il arrive chez les Jets après les Jeux olympiques d'hiver d'Albertville en France en 1992.

Il ne met pas de temps à démontrer qu'il est à sa place. Durant sa première saison complète, 1992-93, Tkachuk marque 28 buts non sans écoper de 201 minutes de punition.

La saison suivante, Tkachuk est nommé capitaine des Jets à l'âge tendre de 21 ans, ce qui en fait le plus jeune capitaine dans l'histoire de l'équipe. Être capitaine des Jets n'est pas une mince affaire, et de précoces cheveux blancs le prouvent.

« Devenez capitaine des Jets de Winnipeg à 21 ans et voyez ce qui arrive à vos cheveux », dit un jour Tkachuk.

Prendre du galon

Quand il se joint aux Jets, ceux-ci battent une autre campagne de restructuration qui n'a pas encore abouti malgré la présence de Teemu Selanne et d'Alexei Zhamnov. Pour empirer les choses, les finances du club sont des plus précaires. Sans le vouloir, Tkachuk empire les choses : Winnipeg doit égaler l'offre de 17 millions $

CARRIÈRE
BILAN DE

Données personnelles

Lieu et date de naissance	Melrose, Massachussets/ 28 février 1972
Taille et poids	6 pi 2 po, 210 lb

Distinctions

Deuxième équipe d'Étoiles	1995

Carrière dans la LNH

	5½ saisons auprès des Jets de Winnipeg/Coyotes de Phoenix

Rendement dans la LNH

	Matches	Buts	Aides	Points	MOY.
Saison régulière	389	196	179	375	1 020
Éliminatoires	26	14	2	16	73

Ce marqueur prolifique, fort et constant s'est taillé une place centrale dans l'alignement des Sénateurs en pleine ascension.

Quand les Sénateurs d'Ottawa recrutent Alexei Yashin en deuxième choix du repêchage de la LNH de 1992, à peine quelques partisans connaissent-ils son nom. On s'attendait plutôt au choix de Roman Hamrlik, un défenseur costaud et habile de la république tchèque.

Bon nombre de joueurs de hockey russes étaient déjà connus des partisans nord-américains avant de traverser l'Atlantique. Ce n'est pas le cas de Yashin.

Contrairement à Valeri Bure ou à Alexander Mogilny, Yashin ne s'est pas fait une réputation de virtuose dans les rangs junior. Yashin apparaissait donc comme le premier parmi des Russes et autres Européens sélectionnés dans la première ronde de ce repêchage.

« La chose la plus magnifique qui soit arrivée à cette équipe est d'avoir perdu à pile ou face, prétend John Ferguson, le directeur des ressources humaines des Sénateurs de l'époque. En février passé, j'ai prédit que Yashin serait la recrue de l'année. »

Yashin ne se voit pas décerner le trophée Calder, mais il est dans la course à sa manière créative et quelque peu méthodique.

Ce n'est certainement pas un joueur russe typique. En comparaison des marchands de vitesse que sont les Bure, Mogilny et Sergei Fedorov, Yashin est un bûcheur, solide sur ses patins, habile au bâton mais pas flamboyant.

Intermèdes russes

Yashin n'est pas pressé de gagner Ottawa après son repêchage. Plutôt que de subir la crise de croissance d'une équipe d'expansion à sa première saison, Yashin joue une année supplémentaire auprès du Dynamo de Moscou, puis rallie les Sénateurs d'Ottawa au début de la saison 1993-94 avec une autre recrue, Alexandre Daigle, le premier choix au repêchage de 1993.

De toute évidence, on a bien fait de l'attendre. Durant sa première saison, Yashin marque 30 buts et accumule 79 points, ce qui en fait alors le champion des Sénateurs. Il est aussi finaliste pour le trophée Calder remis à la meilleure recrue de la LNH.

Il réussit une saison productive malgré le départ de l'ailier Bob Kudelski, coéquipier de ligne de Yashin, au milieu de la saison.

Au cours de la saison 1994-95, écourtée par le lock-out, Yashin accumule 44 points dont 21 buts en 47 matches.

Joueur numéro un des Sénateurs d'Ottawa, Yashin envie le salaire de Daigle dont le rendement déçoit. Par conséquent, son contrat est remis en question en 1995-96. Il commence alors à jouer pour le CSKA de Moscou où il passera presque la moitié de la saison pour finalement signer un nouveau contrat et rentrer au bercail des Sénateurs.

Ce grand Russe costaud mettra la majeure partie du reste de la saison à retrouver sa forme d'ancienne recrue ; il marque malgré tout 39 points en 46 matches pour Ottawa.

Croissance

En 1996-97, le sort des Sénateurs s'améliore de façon spectaculaire. Sous la houlette du directeur gérant Pierre Gauthier et de l'entraîneur chef Jacques Martin, tous deux embauchés en plein milieu de la saison 1995-96, le club réussit à se tailler une place dans les séries pour la première fois de sa jeune histoire.

Il n'est pas surprenant que Yashin sonne la charge, marquant 35 buts auxquels il ajoute 45 mentions d'aide, ce qui en fait le meilleur marqueur des Sénateurs. Ceux-ci établissent des records d'équipe quant au nombre de victoires (31) et de points (77), et ils obtiennent un excellent rendement de la part de Daigle (26 buts, 51 points) et de l'ailier Daniel Alfredsson (24 buts, 71 points) qui en est à sa deuxième année.

À leur première participation aux séries, les Sénateurs forcent les Sabres à disputer un septième match avant de s'incliner.

Comme les Sénateurs, Yashin, qui aura 24 ans en novembre, est jeune et en pleine croissance athlétique. Lent et constant, mais également créatif et spectaculaire, Yashin est le joueur clé autour duquel les Sénateurs construisent une équipe qu'on devra prendre au sérieux.

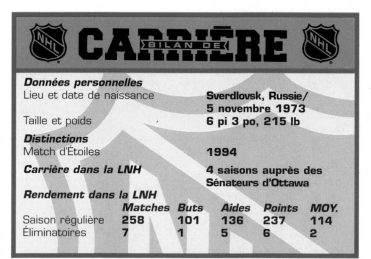

CARRIÈRE
BILAN DE

Données personnelles

Lieu et date de naissance	**Sverdlovsk, Russie/ 5 novembre 1973**
Taille et poids	**6 pi 3 po, 215 lb**

Distinctions

Match d'Étoiles	**1994**

Carrière dans la LNH

	4 saisons auprès des Sénateurs d'Ottawa

Rendement dans la LNH

	Matches	Buts	Aides	Points	MOY.
Saison régulière	258	101	136	237	114
Éliminatoires	7	1	5	6	2

L'habile Alexei: La solide contribution de Yashin à l'attaque explique en grande partie l'accession des Sénateurs au rang d'équipe respectable en **1996-97** alors qu'ils se taillent une place dans les séries pour la première fois de leur histoire.

LA COUPE STANLEY

LE BUT ULTIME

On parle des séries éliminatoires de la coupe Stanley comme d'une seconde saison dans la Ligue nationale de hockey, et c'est peut-être le tournoi d'après-saison le plus excitant du sport professionnel. Ces séries s'échelonnent de la mi-avril à la mi-juin et voient s'affronter 16 équipes sur les 26 de la LNH en vue de conquérir la coupe Stanley, un des trophées les plus convoités du monde. L'équipe championne doit remporter des séries de 4 matches en 7, en tout 16 matches sur un total possible de 28. Le début des séries coïncide avec la fin de la saison régulière de 82 matches.

Ce rite printanier nord-américain se déploie sous différentes formes depuis 1893, un an après que Lord Stanley, comte de Preston et Gouverneur général du Canada, eut fait don de la coupe pour couronner le championnat du hockey canadien.

Lord Stanley rentra en Angleterre sans avoir vu le moindre match de championnat, donc sans avoir lui-même remis le trophée qui porte son nom. Il n'était pas au pays lorsque la Amateur Athletic Association, le club de hockey de Montréal, remporta la première coupe. Rien ne laissait alors présager que celle-ci deviendrait propriété de la Ligue nationale de hockey, née en 1917 et gérante des séries éliminatoires de la coupe Stanley à partir de 1926-27.

Lord Stanley avait acheté la coupe pour la somme de 10 guinées (48,67 $ CAN). L'histoire riche et colorée qu'elle a par la suite engendrée est certainement à la hauteur du championnat de hockey annuel qu'il entrevoyait au siècle dernier.

Les courses successives à la coupe Stanley ont donné lieu à une foule de performances légendaires. Entre autres, en 1904, One-Eyed Frank McGee, le joueur borgne, marqua un nombre record de cinq buts dans une victoire de 11 à 2 du Silver Seven d'Ottawa sur les Marlboros de Toronto.

L'année d'après, McGee marqua 14 buts pour le Silver Seven qui écrasa les Nuggets de Dawson City au cours d'une victoire de 23 à 2. Pour se rendre à Ottawa, les Nuggets avaient dû utiliser un traîneau tiré par des chiens, puis le bateau, puis le train.

Un temps fort

Si depuis cette époque le hockey lui-même et les moyens de transport ont subi de profondes transformations, les séries éliminatoires continuent d'envoûter les amateurs de hockey.

La finale de la coupe Stanley fait s'affronter la vitesse et la finesse contre la corpulence et la brutalité, de lourds jeux défensifs contre une défense subtile, l'expérience de l'âge contre l'audace de la jeunesse, et parfois frère contre frère.

En 1923, Cy et Corb Denneny jouaient pour les Sénateurs d'Ottawa, tandis que les frères George et Frank Boucher, jouaient pour les Maroons de Vancouver. Lors d'un match de série qui les opposait, Ottawa remporta 1 à 0 et se rendit jusqu'à la coupe.

Lanny McDonald, le vétéran barbu des Flames de Calgary, voit sa 16e année de carrière couronnée par la coupe Stanley en 1989.

Magie albertaine: Peu d'observateurs se doutaient que la quatrième coupe Stanley de Wayne Gretzky à Edmonton serait sa dernière dans l'uniforme des Oilers.

Dans un match de série opposant les Canadiens de Montréal et les Nordiques de Québec en 1980, Mark Hunter, du Montréal, rata une occasion en or d'enfiler un but en prolongation. À l'autre bout de la patinoire, il put voir son frère aîné Dale marquer aussitôt la victoire des Nordiques.

Les séries de la coupe Stanley constituent un temps fort qui ne laisse aucun répit ni aux athlètes, ni à leurs blessures. Le défenseur Jacques Laperrière, intronisé au Temple de la renommée, a déjà joué avec un poignet brisé, le gardien de but John Davidson a joué malgré une blessure au genou qui lui faisait serrer les dents pendant les finales de 1979. À Montréal, l'ailier gauche Bob Gainey a déjà joué dans les séries contre les Islanders de New York avec une double luxation de l'épaule.

En 1964, le défenseur des Maple Leafs Bob Baun marqua un but gagnant en prolongation du sixième match malgré une fracture à la cheville, puis joua le septième sans passer son tour. Qu'est-ce qu'on ne ferait pas pour conquérir sa bague de la coupe Stanley !

La coupe Stanley crée des héros inattendus. Par exemple, Ken Dryden fut appelé des ligues mineures pour garder les buts des Canadiens lors d'un premier tour des séries en 1971. En dépit de toute attente, Montréal fit s'incliner Boston, les grands favoris. Dryden avait plus qu'excellé et eut droit à maints honneurs.

Les séries donnent également l'occasion aux grandes vedettes de se surpasser, comme le fit Maurice Rocket Richard qui marqua cinq buts lors d'un match de séries en 1944. Son record de six buts en prolongation en une carrière tint pendant 36 ans.

Une vitrine

Dans les années 90, le premier tour des séries captiva d'autant plus les amateurs de hockey que les équipes d'expansion provoquaient des revirements inédits. Mentionnons entre autres l'élimination en sept matches des Red Wings de Détroit par les Sharks de San Jose en 1994. Les Sharks parvinrent à la demi-finale de la conférence de l'Ouest, forçant les Maple Leafs de Toronto à disputer un septième match pour les éliminer.

En 1993, les Islanders de New York étonnèrent les Capitals de Washington lors du tour initial, puis les Penguins de Pittsburgh pourtant deux fois champions de leur division. Leur performance pava d'ailleurs la voie à la curieuse victoire des Canadiens qui tiraient de l'arrière 2 à 0 contre les talentueux Nordiques de Québec, pour finalement remporter quatre matches de suite contre ces plus proches rivaux.

Certains estiment qu'il est exagéré d'étirer les éliminatoires de la coupe Stanley jusqu'au mois de juin. Le hockey est un sport d'hiver, et de surcroît vers la fin de la saison, les athlètes montrent moins d'énergie et les partisans ont la tête ailleurs.

Pourtant qui oserait soutenir que les deux mois de tournoi ne sont pas une bonne vitrine pour le hockey professionnel ? Quoi qu'on dise, les séries de la coupe Stanley sont tout sauf ennuyeuses.

En tout cas, Lord Stanley ne saura jamais ce qu'il manque !

Une salve de buts à Philadelphie

CONFÉRENCE CAMPBELL 10 - CONFÉRENCE PRINCE DE GALLES 6

Brett Hull reste l'étoile du spectacle en 1992 à Philadelphie. Il marque deux fois et récolte une mention d'aide pour une victoire de la Conférence Campbell sur la Conférence Prince de Galles. Non seulement a-t-on droit à un match sans contact physique, mais également sans pénalité, bref un match des Étoiles. D'un côté comme de l'autre de la patinoire, pas d'entraves inutiles.

Six gardiens affrontent 83 tirs, mais c'est celui des Capitals de Washington, Don Beaupré, qui en arrache le plus. Il accorde six buts sur 12 tirs en deuxième période alors que la Conférence Campbell prend les devants 8 à 3. Sur les deux buts de Hull, c'est Beaupré qui est déjoué.

« Je n'avais même pas la chance de regarder de qui venaient les tirs, raconte Beaupré. Pendant un moment, j'ai eu l'impression que toutes les rondelles passaient à mes côtés. Il y eut bien des lancers tapés et des rebonds ; ce n'est pas de sitôt que je ne me plierai pas à cet exercice. »

Beaupré et les autres gardiens se sont attiré la sympathie des joueurs.

« C'est tout à fait injuste pour les gardiens, avoue Wayne Gretzky. Je crois qu'il est clair pour tout le monde que c'est la façon dont un tel match se déroule. »

Réunion prometteuse

Quatre nouveaux venus dans ce genre de match marquent un but : Gary Roberts des Flames de Calgary ; Owen Nolan des Nordiques de Québec ; Alexander Mogilny des Sabres de Buffalo et Randy Burridge des Capitals de Washington.

« Ça fait plaisir de voir mon nom au tableau des marqueurs, dit Burridge. La rondelle roule pour moi comme elle l'a toujours fait. »

Ce match a réuni Gretzky et Hull, un fantasme d'entraîneur qui allait bientôt se concrétiser à Saint Louis.

Théoren l'Étoile : En 1992, Théoren Fleury et la Conférence Campbell battent la Conférence Prince de Galles.

Pour l'instant, les deux ensemble ont recueilli trois buts et trois mentions d'aide.

« J'ai dit des milliers de fois que je rêvais de jouer avec Wayne, commente Hull. Côtoyer Wayne et Stevie Y (Yzerman des Red Wings de Détroit) dans le vestiaire, c'était incroyable. Ces gars-là sont mes idoles au hockey. »

112

Match des Étoiles *1993*
Défaite de la Conférence Campbell à Montréal

CONFÉRENCE PRINCE DE GALLES 16 - CONFÉRENCE CAMPBELL 6

Wayne Gretzky n'est certainement pas étranger aux matches des Étoiles, car il a été choisi huit fois dans une conférence et cinq fois dans l'autre. Néanmoins, au match des Étoiles tenu à Montréal, les projecteurs sont braqués sur lui pour d'autres raisons.

Selon certaines rumeurs, le meilleur joueur de hockey de tous les temps a été cédé aux Maple Leafs de Toronto. Le propriétaire des Kings de Los Angeles, Bruce McNall, est contraint à une conférence de presse pour les démentir.

Tous s'en donnent à cœur joie
Une fois la controverse dissipée et le match commencé, presque tous les joueurs marquent, y compris Brad Marsh, le terne défenseur des Sénateurs d'Ottawa, ce qui lui vaut une ovation debout de la part des amateurs montréalais.

« C'est Kevin Stevens qui m'a fait une passe magnifique, racontera Marsh plus tard. Je n'ai eu qu'à mettre mon bâton sur la glace et ça y était. J'ai passé plusieurs saisons sans marquer; quand il m'arrive de le faire, c'est toute une histoire. »

Ce but était d'autant plus réconfortant pour Marsh qu'il s'était montré incapable aux tests d'habileté d'avant le match d'atteindre la cible une seule fois en huit essais.

« Je savais que j'étais dans l'embarras après avoir raté le sixième essai, confia Marsh. Mon excuse, c'est que je ne suis pas censé frapper des cibles, de toute façon. »

Mike Gartner se mérite le trophée du joueur le plus utile en marquant quatre buts auxquels s'ajoute une mention d'aide. La Conférence Prince de Galles s'est donné une avance de 9 à 0 au début de la deuxième période et mène 12 à 2 après 40 minutes de jeu; les gardiens Ed Belfour et Mike Vernon sont déjoués six fois chacun.

Les choses auraient pu être bien pires pour l'équipe Campbell si Mario Lemieux n'avait pas raté le match en raison d'un traitement médical.

La mention de son nom au Forum lui a valu ce jour-là cinq minutes d'ovation debout.

Rafale de buts : Les deux équipes ensemble marquent le nombre record de 22 buts lors du match des Étoiles de 1993, dont six en première période contre le gardien Ed Belfour.